EX-LIBRIS

Agradecemos a Eduardo Guimaraens por
seu legado que nos inspira; aos nossos
pais, Dante e Carlos, Nair e Vera,
pelos cuidados.

Agradecimento especial a Carlos Frederico
Guazzelli pelas leituras e sugestões;
à Clô Barcellos pela parceria, dedicação
e, claro, pela paciência.

Este livro é dedicado às bisnetas, aos
bisnetos do poeta e às gerações futuras.

Eduardo, Beatriz, Rafael, Gabriel (em
memória), Maria Etelvina, Sílvia, Virgínia
e Ana, tripulantes dessa viagem.

DANTE

CANTO QUINTO

Tradução
EDUARDO GUIMARAENS

EDIÇÃO AMPLIADA

Organização
MARIA ETELVINA GUIMARAENS

Libretos

Porto Alegre, 2021

SUMÁRIO

O "*Canto Quinto*. Do Eduardo"
5

Sobre *La Divina*
7

De Eduardo, para Dante
18

Canto Quinto, com tradução de Eduardo Guimaraens
19

O texto de onde parte o poeta
43

Os 600 anos
48

O 6º centenário de Dante
50

As fontes
59

Dante Alighieri (1265/1321)
60

Eduardo Guimaraens (1892/1928)
61

Eduardo por suas netas e netos
63

O "*Canto Quinto*. Do Eduardo"

x — x — x

Setembro de 2021. Por ocasião do sétimo centenário da morte de Dante Alighieri, lançamos a tradução que Eduardo Guimaraens compôs para o *Canto Quinto*, do Inferno.

A *Commedia*, título original da obra de Dante, é um poema épico em três cânticos: o Inferno, o Purgatório e o Paraíso. Deles, Eduardo escolheu o Inferno e, deste, "o mais bello talvez entre os mais bellos da Prima Cantica do Livro eterno".

Assim, em 1920, Eduardo traduziu e publicou o *Canto Quinto*, em formato plaquete, impresso em Porto Alegre, nas "Officinas graphicas da Livraria Americana". Para a sua tradução usou a versão editada em Florença, em 1899.

Enviou exemplares a escritores, jornalistas, poetas e amigos. Graças a um deles, Alfredo Carlos Felizardo, aqui reproduzimos o exemplar que recebeu das mãos do tradutor e que chegou ao acervo por gentileza de seu filho, o fotógrafo Luiz Carlos Felizardo.

A primeira tiragem logo se esgotou. Eduardo deixou, nos seus guardados, uma folha manuscrita: "Este é o formato para a 2ª edição do *Canto Quinto*. Do Eduardo".

A atual edição ampliada traz, além da plaquete de 1920, com o *Canto Quinto* em fac-símile e na grafia da época, duas obras históricas: *Lectvra Dantis*, de 1899, e *La Divina Commedia*, de 1902. Assim, o leitor poderá perceber o que Eduardo chamava "tradução conforme ao rythmo".

Em 1921, no sexto centenário da morte do poeta, o amor de Dante por Beatriz foi o tema escolhido para a conferência de Eduardo no sarau realizado no Palacete Rocco, no Centro Histórico de Porto Alegre.

Com a reprodução dos documentos originais e imagens do seu acervo, bem como da transcrição da conferência, buscamos trazer um pouco da atmosfera de Eduardo e sua enorme admiração pelo imortal poeta florentino.

Maria Etevina Guimaraens
Organizadora

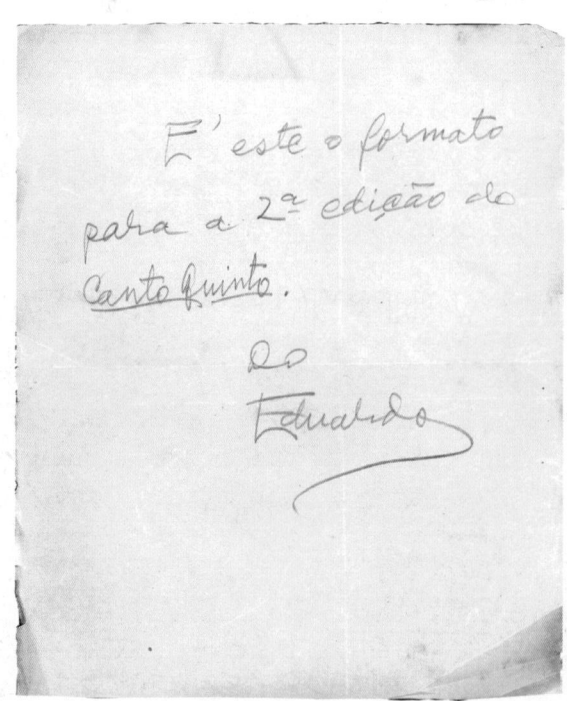

Manuscrito de Eduardo orientando
o formato da segunda edição do *Canto Quinto*

La Divina Commedia, edição de 1902 (capa).
Acervo de Eduardo Guimaraens

Sobre *La Divina*

A *Commedia* recebeu de Boccacio, em 1373, o adjetivo "divina", tamanho o impacto que causou. Giovanni Boccacio, poeta que, além de autor de *Decameron*, era crítico italiano especialista na obra de Dante.

Commedia, porque o gênero compreendia uma narrativa que começava com tristeza e terminava em alegria. A partir da edição veneziana de 1555, de Giolito, passou a ser denominada *La Divina Commedia*.

Um breve recorrido pela obra ajudará a apreciar a poesia de Dante, na tradução de Eduardo.

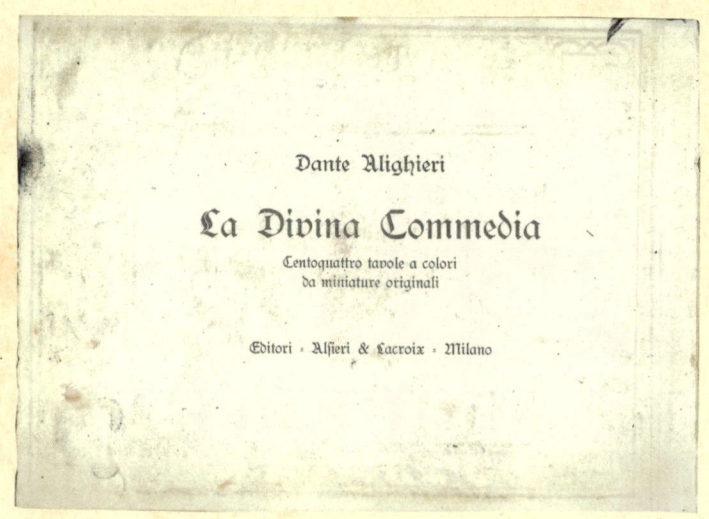

Nosso guia, a edição original de 1902, é ilustrada por A. Alessandronelli, A. Razzolini e S. Bicchi. É uma edição rara do acervo de Eduardo, em que os Editores Alfieri & Lacroix, de Milão, anunciam, na folha de rosto, a reprodução das "centoquattro tavole a colori da miniature originali".

A ilustração de abertura do livro mostra Dante rodeado pelos personagens que encontrará em sua jornada

Nos seus três cânticos, a *Commedia* narra o trajeto de Dante em direção ao Paraíso. O Poeta, perdido numa floresta, inicia sua viagem na sexta-feira da Paixão do ano de 1300. Abrindo cada cântico, as imagens sintetizam a trajetória: no primeiro, 34 cantos descrevem o Inferno como um vale profundo em forma de funil. A descida se dá em nove círculos, que se estreitam rumo ao fundo.

Inferno — O vale profundo, ladeado por Minos (à esquerda) e Lúcifer, o Rei Infernal (à direita)

No segundo cântico, 33 cantos narram a travessia entre os dois extremos: Inferno e Paraíso. O Purgatório é uma ilha formada pelo Antepurgatório e pelo Purgatório propriamente dito, onde se purificam os soberbos e os invejosos.

No Paraíso, terceiro cântico, 33 cantos o descrevem em dez céus ou círculos, onde Dante encontra Beatriz. São retratados Dante no canto superior esquerdo e Beatriz no canto direito.

Purgatório — A travessia entre os extremos

Paraíso — No alto, Dante e Beatriz

No Inferno, os cinco primeiros círculos constituem o Alto Inferno. No Baixo Inferno, a trajetória passa pelo sexto, sétimo, oitavo e nono círculos. Os quatro primeiros cantos tratam do primeiro círculo, o Limbo, onde permanecem aqueles cujo pecado foi não terem sido batizados. No Canto Primeiro, Dante encontra Virgílio, o maior dos poetas latinos, que será seu guia a pedido de Beatriz.

No Canto Terceiro, a Porta do Inferno alerta com seus célebres dizeres, cujo verso final é assustador: "lasciate ogne speranza, voi ch'entrati" [vós que entrais, deixai (aqui) toda a esperança](*).

Canto Primeiro - Dante encontra Virgílio

(*) tradução livre

Canto Segundo — Beatriz pede a Virgílio que conduza Dante pelo Inferno e pelo Purgatório

Canto Terceiro — No topo, Dante e Virgílio à beira do abismo e, na base, Caronte conduz a travessia

Canto Quarto — Dante encontra pensadores como Platão, Sócrates, Orfeu, Ptolomeu, Hipócrates e Aristóteles

No alto-relevo, em metal, do acervo de Eduardo Guimaraens, o encontro com Homero, Horácio, Ovídio e Lucano, ainda no primeiro círculo

No Canto Quinto, o Poeta narra a sua passagem pelo segundo círculo. Dante encontra Minos, que ouve as confissões e distribui os pecadores pelos diversos patamares.

O segundo círculo é o lugar dos que pecaram por amor, sobrepondo a paixão à razão. Lá estão Cleópatra, Helena de Tróia, Aquiles, Páris e Tristão. Dante encontra Francesca e Paolo, mortos por amor, surpreendidos pelo marido de Francesca, Gianciotto, irmão de Paolo. O fato teria acontecido em Rimini, dez anos antes da narrativa, e emocionara a Itália.

Canto Quinto — No alto, Dante e Virgílio frente a Minos; na lateral, Dante com Francesca e Paolo; ao pé da página, Dante desmaiado

E Dante prossegue em sua jornada descendo os círculos do Alto Inferno: encontra os gulosos, no terceiro; os avarentos e os pródigos, no quarto e, no quinto, os iracundos.

No Baixo Inferno, o Poeta percorre o sexto, o sétimo, o oitavo e o nono círculos. Os hereges e os incrédulos ficam no sexto; no sétimo, em três compartimentos, ficam os que pecaram pela violência contra o próximo, contra si mesmos e contra Deus. No oitavo — o Malebolge — dez fossos castigam os sedutores, os aduladores, os simoníacos, os adivinhos, os fraudulentos, os hipócritas, os ladrões, os maus conselheiros, os fundadores de seitas e os falsários.

Canto Décimo Segundo — No alto, a punição aos violentos no sétimo círculo; ao pé da página, Dante e Virgílio na garupa de Nesso, o centauro que os conduz ao próximo círculo

Por fim, no nono círculo, o lago de gelo: em quatro divisões penam os traidores da família, da pátria, dos amigos e dos benfeitores. No ponto mais baixo do Inferno, o centro da Terra, encontra-se o Rei Infernal, Lúcifer, com três faces e três bocas tragando Judas, Cássio e Bruto.

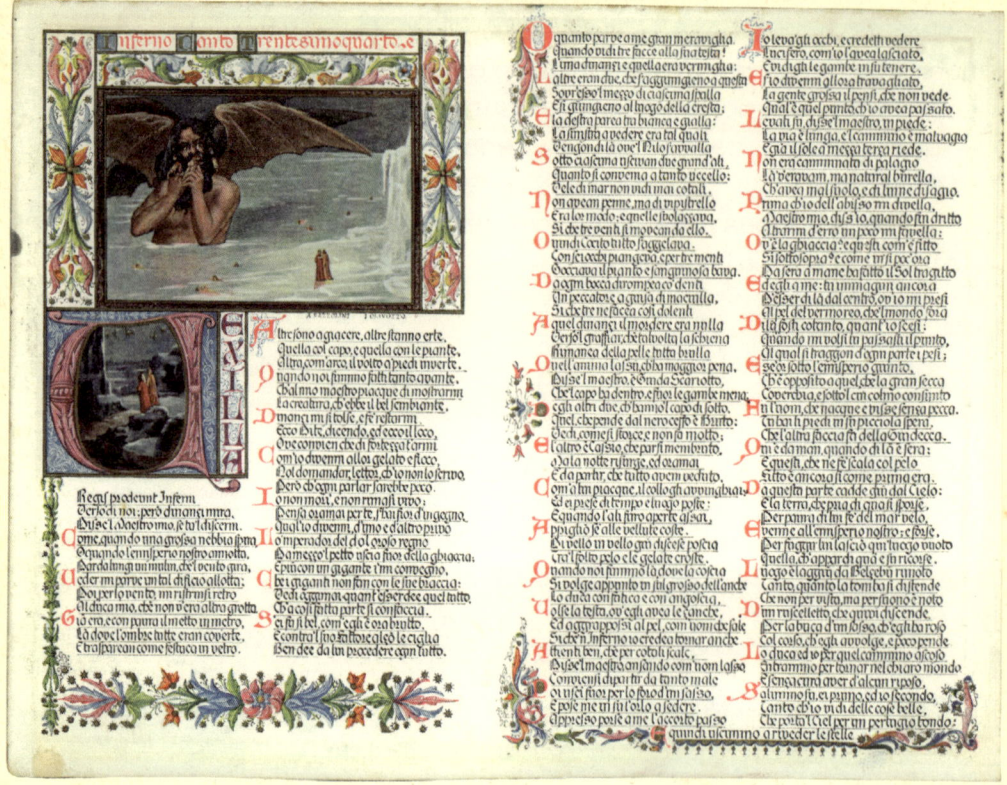

Canto Trigésimo-quarto — Lúcifer no centro da Terra; Dante e Virgílio, rumo ao Purgatório

No Inferno, Dante encontra pensadores, poetas, cientistas, seres mitológicos, políticos e personagens de sua época, todos na mesma trajetória. E cada um com seu lugar em um dos círculos.

Daqui, voltamos nosso olhar para o segundo círculo, onde o pecado é a paixão: o *Canto Quinto*. A seguir, a repercussão da tradução de Eduardo Guimaraens na imprensa.

Antecipação à publicação da plaquete de Eduardo, na *Revista Máscara*, 1920, vol. 46, p.33

x — x — x

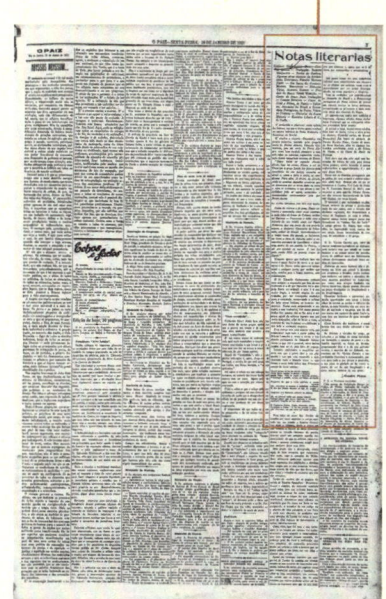

Artigo de Homero Prates sobre a tradução de Eduardo Guimaraens, na coluna Notas Literárias, do jornal *O Paíz*, do Rio de Janeiro, p.3, edição de 28 de janeiro de 1921

x — x — x

De Eduardo, para Dante

x — x — x

Estamos em 1920. Desde 1917, Eduardo traduz os poemas de *Flores do Mal*, de Baudelaire. Mas Eduardo volta-se para a *Commedia*. Traduz e publica em plaquete os 142 versos do *Canto Quinto*, do Inferno. A publicação é anunciada com entusiasmo:

> "Eduardo Guimaraens (...) acaba de traduzir, para a nossa língua, o Canto Quinto da *Divina Comédia*, que editará por estes poucos dias (...) Será uma pequena plaquete de luxo destinada ao mais ruidoso sucesso, pois os tercetos de bronze do poema dos poemas, encontraram em português, uma tradução que não lhe rouba a beleza de intenção ou de forma.
> (...) A tentativa de Eduardo Guimaraens vem dar-nos uma esperança: a de ainda vermos, transplantada com talento para o idioma de Camões, o mais belo poema que se tem escrito."

(*Revista Máscara,* 1920, vol. 46, p.33, com atualização ortográfica, reprodução na página anterior)

Por sua vez, Homero Prates, na coluna Notas Literárias, do jornal *O Paíz*, do Rio de Janeiro, ressalta:

> "Ninguém ignora que traduzir bem um verso é quase fazê-lo de novo, e se esse verso é de Dante, então parecerá impossível a qualquer poeta, por melhor que seja, revertê-lo para a língua materna, sem colaboração.
> O Sr. Eduardo Guimaraens realizou esse milagre: a impressão que fica da sua tradução é a de que logramos ler o próprio Dante no original, e este é o seu maior elogio, a virtude mágica do seu trabalho, por ter conseguido trasladar para o vernáculo, conservando o ritmo do belo verso italiano, os tercetos imortais."

(Transcrição com atualização ortográfica, reprodução na página anterior)

Eduardo compôs um soneto para abrir a tradução do *Canto Quinto*. Segue, em fac-símile, a plaquete de 1920.

EDUARDO GUIMARAENS
DANTE
CANTO QUINTO

MCMXX

Officinas graphicas da Livraria Americana — Porto Alegre

DANTE

CANTO QUINTO

LA COMMEDIA: INFER-
NO TRADUZIDO, CON-
FORME AO RYTHMO, POR
EDUARDO GUIMARAENS.

M C M X X

A MANSUETO BERNARDI

Recorda um pouco, meu amigo, as primeiras paginas do Poema sagrado. Não será difficil a quem, como tu, as sabe de cor: e, com a intelligencia e com o coração, amas de humano amor a divina Commedia. *Do primeiro circulo do inferno onde ficaram os justos sem baptismo e onde, acompanhado por Virgilio, andou a par de Homero, de Horacio, de Ovidio e de Lucano, Dante baixa ao segundo circulo. N'este, logo ao entrar, Minos, o rei de Creta que a grega fabula fez famoso pela severidade da sua justiça, examina as almas e, como a falta o exija, as condemna. Para além, já dentro do circulo, estão as sombras d'aquellas creaturas que se damnaram por se terem dado na terra a* vizio di lussuria; *e que giram e torvelinham pelo ar agora, arrastadas e atormentadas continuamente pelo que Dante chama*

la bufera infernal che mai non resta.

Pallido de tristeza e de pena, Dante encontra e contempla, entre essas sombras, a bella filha de Guido da Polenta, senhor de Ravenna - Francesca: e d'ella ouve a historia do seu infeliz amor por Paolo Malatesta que era irmão do seu proprio esposo, o disforme Gianciotto lo Sciancato, senhor de Rimini. Sorprendeu-os o trahido certo dia quando se beijavam, ao lerem o livro de Galeotto sobre a romanesca aventura de Lancillotto e Ginevra, dentro do seu castello de Pesaro; e ali sem piedade os matou. E isto foi pelo seculo XIII, ao proprio tempo de Dante.

Que traducção seria capaz de reproduzir, exacta e perpetuamente, o que elle tem de perfeito, este maravilhoso Canto Quinto, o mais bello talvez entre os mais bellos da Prima Cantica *do Livro eterno ?*

Procurei levar a termo, emtanto, a minha empreza com o mais ardente fervor; e, para repetir a expressão de um altissimo poeta contemporaneo que ambos admiramos, colori-a com o meu melhor sangue. *E tu, que és artifice de rythmos e conheces bem a angustia, a paciencia e o prazer de lidar com o ouro que se rebella e escraviza aos golpes do cinzel, avaliarás com sympathia, já não direi o premio do resultado que é minimo, mas o merito do esforço sincero que é já bastante quando com toda fé cumprido.*

Tambem dos marmores divinos se executam frageis esboços de gesso. E a quem, melhor do que a ti, poderia eu endereçar este, fragillimo, a ti que sabes e estimas a arte e a lingua em que foi composto, assim como sabes e estimas a arte e a lingua do Florentino exilado — que era, além d'isso, como tu, do mesmo sangue gentil ?

EDUARDO GUIMARAENS

Dante baixou então ao circulo segundo.
N'elle, Minos rangia os dentes e julgava
quem vinha. Pelo ar negro o furacão girava;
e restrugia o pranto, acima, em torno, ao fundo.

D'aquelles de que o vicio outrora a mente escrava
fez, arrastava a sombra o turbilhão profundo.
E eis que Dante chamou os que de sangue o mundo
tingiram: e a borrasca emtanto se calava.

Já, no infernal tufão que eterno rodopia,
outras almas que Amor conduzira á gehenna,
apontara Virgilio ao seu olhar absorto.

E Francesca falou. Paolo, chorando, ouvia.
Palpitava o Poeta! E foi tão grande a pena
que caiu como cae por terra um corpo morto.

Baixei assim ao circulo segundo
onde, mais do que no outro, a dor constringe
e de menor espaço me circumdo.

N'elle, Minos horrendo os dentes ringe:
5   e, a falta a examinar, julga o culpado
conforme o busto com a cauda cinge.

Quero dizer que quando o ser mal nado,
á sua frente, se confessa e fala,
aquelle que bem sabe do peccado

10 aponta ao reu do Inferno a esconsa valla

que lhe destina, a cola volteando

por tantas vezes quantas, a enroscal-a,

ordena que elle as fossas vá contando.

Premem-se as almas; ouvem a sentença:

15 e uma por uma afundam-se roiando.

— *Oh tu que o abysmo d'esta dor immensa*

buscas (Minos gritou, ao presentir-me

e a sua alta missão quedou suspensa):

olha como entras e se está bem firme

20 *aquelle ao qual te fias! Que a ampla entrada*

não te engane! — Quem vae a dirigir-me,

porém, lhe volve: — *Tambem gritas? Brada,*

que em vão será! Pois tal fadario fel-o

alguem que o quer e tudo póde! Nada

25 *perguntes mais.* — N'isto, ouço um pranto e pelo
clamor dolente encontro-me envolvido;
e vibram-me os ouvidos de contel-o!

Vejo um logar de toda luz banido
e onde ha um mugir de mar que érma a bonança,
30 se de contrarios ventos combatido.

Ora, o infernal tufão que jamais cança,
arrebatando as almas, torvelina:
e uma contra outra, atormentando-as, lança.

Quando esfloram a escarpa da ruina,
35 ahi, sim que o fragor é violento!
E a Virtude blasphemam que é divina!

Soube então que attingia esse tormento

aos damnados carnaes que o sangue abraza

e que á lascivia dão o pensamento.

40 E como os estorninhos batem aza

com tempo frio e a fila, enorme, ondeia,

assim os maus espiritos arraza

aquelle sôpro e acima os desnorteia

e abaixo; e eis que a esperança os não conforta

45 de a pena embrandecer que os alanceia;

E como os grous de que o ar o bando corta,

se alonga e canta lamentosamente,

assim, d'entre a refrega que as transporta,

algumas sombras vi, n'um ai plangente.

50 E eu disse: — *Mestre! Que almas serão essas?*
Porque castiga a treva uma tal gente?

— Esta, a primeira por quem te interessas
(começou discorrendo e eu puz-me á escuta),
foi uma imperatriz que fez oppressas

55   terras e terras. E tão dissoluta
foi que com leis os vicios protegeu:
julgando que salvava a alma corrupta!

É Semiramis de que o vulgo leu
que o sceptro herdou de Nino, e foi-lhe esposa.
60   Teve o paiz que ora o Sultão fez seu.

Quanto a esta se matou por amorosa
e ás cinzas de Sicheu rompeu a jura.
E a outra é Cleopatra libidinosa! —

E Helena assignalou-me, que a amargura
65 foi do seu tempo; e Achylles vi que, por
amor, se armou para a ultima aventura.

Vi Páris; e Tristão. E, no ar sem cor,
sombras ás mil mostrou-me o dedo erguido,
arrancadas á vida pelo Amor.

70 Quando, já tendo o meu Doutor ouvido,
soube ás damas o nome e aos cavalleiros
quasi desfalleci de commovido.

Principiei: — *Poeta! A esses fronteiros*
entes que unidos passam, falaria
75 *de bom grado: e que ao vento vão ligeiros.* —

E elle, a mim: — *Pôe-te attento á ventania*
e ao sentil-os mais proximos passarem,
chama-os por esse amor que os tresvaria!

Virão. — Logo que, juntos, se acercarem
80 senti, bradei: — *Oh almas desgraçadas,*
falae-nos, se falar vos não vedarem! —

Tal como as pombas por amor chamadas,
com a aza aberta e firme, ao doce ninho
— e mais com o desejo — vão levadas

85 assim vieram do redomoinho
onde está Dido, a nós, pelo ar profundo,
que alto ecoara o grito de carinho.

— *O*h ser benigno e gracil que a tão fundo
baixaste e andas a ver, pelo ar adverso,
90   os que tingimos de sanguineo o mundo!

Oraramos, se ouvisse do universo
acaso o Rei, que a paz te fosse dada,
já que te punge o nosso mal perverso.

Do que falar e do que ouvir agrada
95   falar-vos-emos, apurando o ouvido.
Pois que se cala subito a lufada.

Na terra onde o meu corpo foi nascido,

sobre a marinha o Po se alarga e extende

e vae dos servos para a paz seguido.

100 *Amor, que a alma gentil em breve rende,*

fez d'este o escravo da belleza antiga

que, de um modo perdi — que inda me offende!

Amor, que a todo amado a amar obriga,

a este enleou-me com prazer tão forte

105 *que, como vês, de mim se não desliga!*

Amor levou-nos juntos para a morte:

Caina a quem manchou as mãos contrictas

espera! — Isto disseram de tal sorte.

Desde que a voz ouvi d'essas afflictas

110 almas, a fronte, qual se lassa fosse,

abaixei. E o Poeta: — *Em que meditas?* —

Pude emfim responder-lhe: — *Quanto doce*
desejo, ah quanto sonho, com surpreza
e magua, ao transe doloroso as trouxe! —

115 Volvi-me a ambas após; e, com tristeza:
— *Francesca* (falei eu), *lacrimejando*
estou dos teus martyrios á crueza!

Mas, diz'-me: ao tempo dos suspiros, quando
e como errou Amor, que vos merece,
120 *a tão dubios desejos se entregando?* —

E ella: — *Nenhuma dor maior parece*
que a de lembrar os tempos de feliz
quando vem a miseria! E isto conhece

o teu Doutor. Mas se agora a raiz
125 *queres do bem que os corações estreita*
saber, farei como o que chora e diz.

Nós liamos a historia que deleita
de Lancillotto e como, um dia, amou.
Sós eramos os dois e sem suspeita.

130 *Se a cor do rosto uma e outra vez mudou*
a tal leitura, o olhar brilhou, trocado:
e houve um trecho que os outros offuscou.

Quando lemos que o riso desejado
fôra beijado por quem bello o via,
135 *aquelle, que terei sempre ao meu lado,*

beijou-me a bocca e, pallido, tremia!

Foi Galeoto o livro — e o que firmava...

Não podemos ler mais aquelle dia.

Triste, a ouvil-a, o outro espirito chorava.

140　Qual se eu morresse então, de pena absorto,

senti que, desmaiando, vacilava

e cahi como cae um corpo morto.

NOTA AO VERSO 137

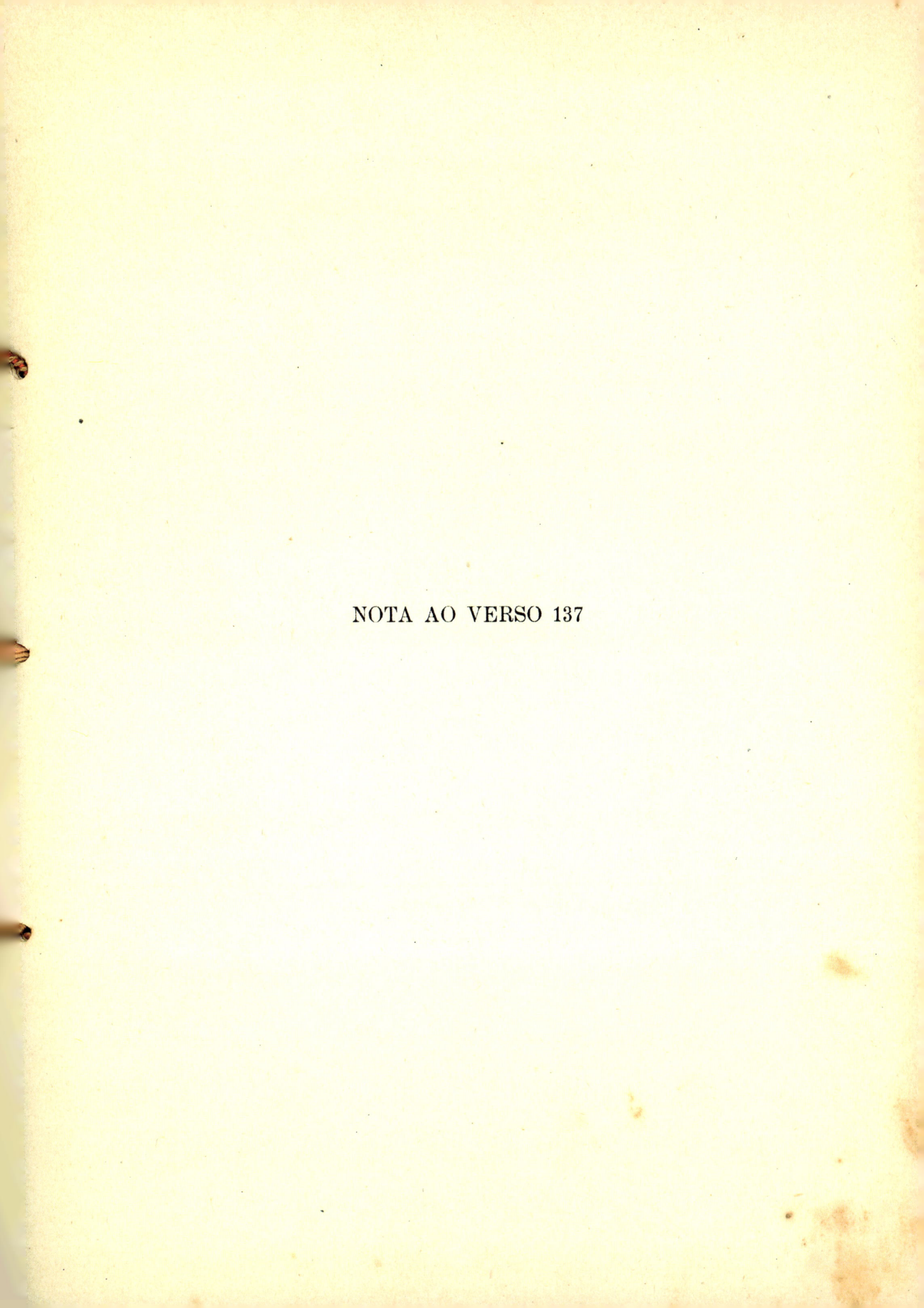

Galeotto fu il libro e chi lo scrisse.

Servira de intermediario aos amores de Lancillotto e Ginevra o proprio Galeotto que depois escreveu o celebre Romance. De modo que este nome de galeotto *passou a ter a significação commum de ,,alcoviteiro". Por isto Dante, conforme commenta Fraticelli, valendo-se do duplo sentido do vocabulo, ahi diz: ,,Um alcoviteiro foi para nós o livro, como um alcoviteiro fôra aquelle que o escreveu".*

Notas da organizadora
à plaquete do *Canto Quinto*,
com tradução de Eduardo Guimaraens

x — x — x

Nota 1 — **verso 4** — Minos ou Minós: ser grotesco que ouve as confissões e distribui os pecadores nos diversos círculos do Inferno.

Nota 2 — **verso 46** — grous: aves de grande porte, penas e pescoço longos, cabeça parcialmente nua, bico reto e plumagem com penas brancas, cinzas ou marrons.

Nota 3 — **verso 58** — Semíramis: rainha que, segundo lendas gregas e persas, reinou sobre Pérsia, Assíria, Armênia, Arábia, Egito e toda a Ásia por mais de 42 anos. Foi esposa de Nino e o sucedeu no trono.

Nota 4 — **verso 61** — Sicheu: personagem da mitologia romana, tio e marido da rainha Dido de Cartago. Rei de Tiro e sacerdote de Hércules. Sua história é contada na *Eneida*, de Virgílio.

Nota 5 — **versos 64, 65 e 67** — Helena: na mitologia grega era filha de Zeus e da rainha Leda. Foi raptada por Páris, príncipe de Tróia; — Achylles/Aquiles: participou da guerra de Tróia e protagonista na *Ilíada*, de Homero.

Nota 6 — **verso 86** — Dido, Elissa ou Alyssa: segundo a mitologia, primeira rainha de Cartago.

Nota 7 — **versos 107 e 115** - Caína: sítio de expiação reservado aos que deram ou fizeram dar morte violenta a alguém, especialmente de alguém de mesmo sangue, o que aconteceu no caso de Gianciotto Malatesta, que matou seu irmão Paolo e sua mulher Francesca.

Nota 8 — **versos 128 e 137** — Lancillotto/Lancelote: referência ao romance com Guinevere, esposa do rei Artur. Galeoto fora intermediário no romance (nota do tradutor, ao verso 137). Romance escrito no século XII.

O texto de onde parte o poeta

x — x — x

Eduardo Guimaraens usou na sua tradução o texto da *Lectvra Dantis*, *Il Canto V dell'Inferno*, editada em Florença, em 1899. Este exemplar reproduz evento na Sala de Dante in Orsanmichele, com conferência de Corrado Ricci e leitura do Canto V, que segue reproduzido para que o leitor possa compará-lo com a tradução.

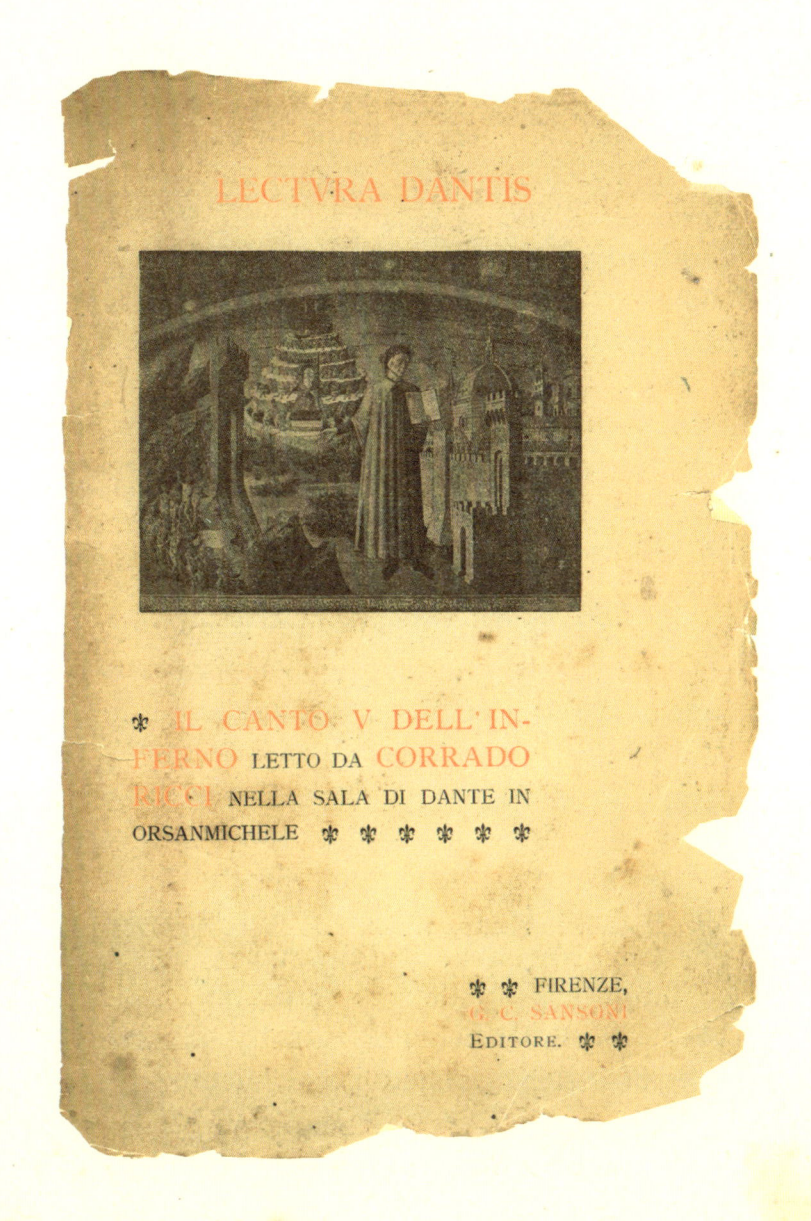

Cosí discesi del cerchio primaio
giú nel secondo, che men loco cinghia,
3 e tanto piú dolor, che pugne a guaio.

Stavvi Minos orribilmente e ringhia:
esamina le colpe nell'entrata,
6 giudica e manda, secondo che avvinghia.

Dico, che quando l'anima mal nata
li vien dinanzi, tutta si confessa;
9 e quel conoscitor delle peccata

vede qual loco d'inferno è da essa:
cignesi con la coda tante volte,
12 quantunque gradi vuol che giú sia messa.

Sempre dinanzi a lui ne stanno molte:
vanno a vicenda ciascuna al giudizio;
15 dicono e odono, e poi son giú volte.

« O tu, che vieni al doloroso ospizio,
gridò Minos a me, quando mi vide,
18 lasciando l'atto di cotanto ufizio,

guarda com'entri, e di cui tu ti fide:
non t'inganni l'ampiezza dell'entrare ».
21 E il duca mio a lui: « Perché pur gride?

Non impedir lo suo fatale andare:
vuolsi cosí colà, dove si puote
24 ciò che si vuole, e piú non dimandare ».

Ora incomincian le dolenti note
a farmisi sentire: or son venuto
27 là dove molto pianto mi percote.

Io venni in loco d'ogni luce muto,
che mugghia, come fa mar per tempesta,
30 se da contrari venti è combattuto.

La bufera infernal, che mai non resta,
mena gli spirti con la sua rapina,
33 voltando e percotendo li molesta.

Quando giungon davanti alla ruina,
quivi le strida, il compianto e il lamento,
36 bestemmian quivi la virtú divina.

Intesi, che a cosí fatto tormento
ènno dannati i peccator carnali,
39 che la ragion sommettono al talento.

E come gli stornei ne portan l'ali,
nel freddo tempo, a schiera larga e piena,
42 cosí quel fiato gli spiriti mali:
di qua, di là, di giú, di su gli mena;
nulla speranza gli conforta mai,
45 non che di posa, ma di minor pena.
E come i gru van cantando lor lai,
facendo in aer di sé lunga riga,
48 cosí vid'io venir, traendo guai,
ombre portate dalla detta briga:
perch'io dissi: « Maestro, chi son quelle
51 genti, che l'aer nero sí gastiga? »
« La prima di color, di cui novelle
tu vuoi saper, mi disse quegli allotta,
54 fu imperatrice di molte favelle.
A vizio di lussuria fu sí rotta,
che libito fe' licito in sua legge
57 per torre il biasmo in che era condotta.
Ell'è Semiramìs, di cui si legge,
che succedette a Nino, e fu sua sposa:
60 tenne la terra che il Soldan corregge.
L'altra è colei, che s'ancise amorosa,
e ruppe fede al cener di Sicheo;
63 poi è Cleopatràs lussuriosa ».
Elena vidi, per cui tanto reo
tempo si volse, e vidi il grande Achille,
66 che con amore al fine combatteo.
Vidi Paris, Tristano; e piú di mille
ombre mostrommi e nominolle a dito,
69 che amor di nostra vita dipartille.
Poscia ch'io ebbi il mio dottore udito
nomar le donne antiche e i cavalieri,
72 pietà mi giunse, e fui quasi smarrito.
Io cominciai: « Poeta, volentieri
parlerei a que' due, che insieme vanno,
75 e paiono sí al vento esser leggieri ».
Ed egli a me: « Vedrai, quando saranno
piú presso a noi; e tu allor li prega
78 per quell'amor che i mena; e quei verranno ».

  Sí tosto come il vento a noi li piega,
mossi la voce: « O anime affannate,
81 venite a noi parlar, s'altri nol niega ».
  Quali colombe dal disio chiamate,
con l'ali aperte e ferme, al dolce nido
84 volan per l'aer dal voler portate:
  cotali uscir della schiera ov'è Dido,
a noi venendo per l'aer maligno,
87 sí forte fu l'affettuoso grido.
  « O animal grazioso e benigno,
che visitando vai per l'aer perso
90 noi che tignemmo il mondo di sanguigno:
  se fosse amico il re dell'universo,
noi pregheremmo lui per la tua pace,
93 poiché hai pietà del nostro mal perverso.
  Di quel che udire e che parlar ti piace
noi udiremo e parleremo a vui,
96 mentre che il vento, come fa, si tace.
  Siede la terra, dove nata fui,
su la marina dove il Po discende
99 per aver pace co' seguaci sui.
  Amor, che al cor gentil ratto s'apprende,
prese costui da la bella persona
102 che mi fu tolta, e il modo ancor m'offende.
  Amor, che a nullo amato amar perdona,
mi prese del costui piacer sí forte,
105 che, come vedi, ancor non mi abbandona.
  Amor condusse noi ad una morte:
Caina attende chi vita ci spense ».
108 Queste parole da lor ci fur porte.
  Da che io intesi quelle anime offense,
chinai 'l viso, e tanto il tenni basso,
111 finché il poeta mi disse: « Che pense? »
  Quando risposi, cominciai: « O lasso,
quanti dolci pensier, quanto disio
114 menò costoro al doloroso passo! »
  Poi mi rivolsi a loro, e parla'io,
e cominciai: « Francesca, i tuoi martiri
117 a lagrimar mi fanno tristo e pio.

       Ma dimmi: al tempo de' dolci sospiri,
a che e come concedette Amore,
120 che conosceste i dubbiosi desiri? »
       Ed ella a me: « Nessun maggior dolore,
che ricordarsi del tempo felice
123 nella miseria; e ciò sa il tuo dottore.
       Ma se a conoscer la prima radice
del nostro amor tu hai cotanto affetto,
126 farò come colui che piange e dice.
       Noi leggevamo un giorno per diletto
di Lancelotto, come amor lo strinse:
129 soli eravamo e senza alcun sospetto.
       Per piú fiate gli occhi ci sospinse
quella lettura, e scolorocci il viso:
132 ma solo un punto fu quel che ci vinse.
       Quando leggemmo il disiato riso
esser baciato da cotanto amante,
135 questi, che mai da me non fia diviso,
       la bocca mi baciò tutto tremante:
Galeotto fu il libro e chi lo scrisse;
138 quel giorno piú non vi leggemmo avante. »
       Mentre che l'uno spirto questo disse,
l'altro piangeva sí, che di pietade
141 io venni meno sí com'io morisse;
       e caddi, come corpo morto cade.

Letto nella Sala di Dante in Orsanmichele
il dí 1º Giugno
MDCCCLXXXXIX

Os 600 anos

x — x — x

Estamos em 1921. Para marcar a passagem dos seiscentos anos da morte de Dante, no dia 07 de setembro, é realizado um sarau no Palacete Rocco, em Porto Alegre.

Sua programação contempla a regência do maestro Calderon de la Barca, seguida da conferência de Eduardo, da leitura de sua tradução para o *Canto Quinto* e de récita de Mansueto Bernardi.

Na conferência, Eduardo aborda o amor de Dante por Beatriz e, iluminado pelas palavras de Boccaccio, busca em *La Vita Nuova* os elementos para descrever o amor nos tempos de Dante, na Florença do século XIII.

O evento, documentado pelo jornal *A Federação*, na edição de 09 de setembro, reuniu diplomatas, políticos, intelectuais, embaixadores e artistas.

Na abertura da matéria, como se pode ver nas páginas que seguem, o jornalista remete o leitor ao sarau e evoca o cenário ali presente de forma a dar a dimensão do evento na sociedade portoalegrense. Ainda destaca excertos da conferência de Eduardo sobre Dante e detalha o amor do Poeta por Beatriz.

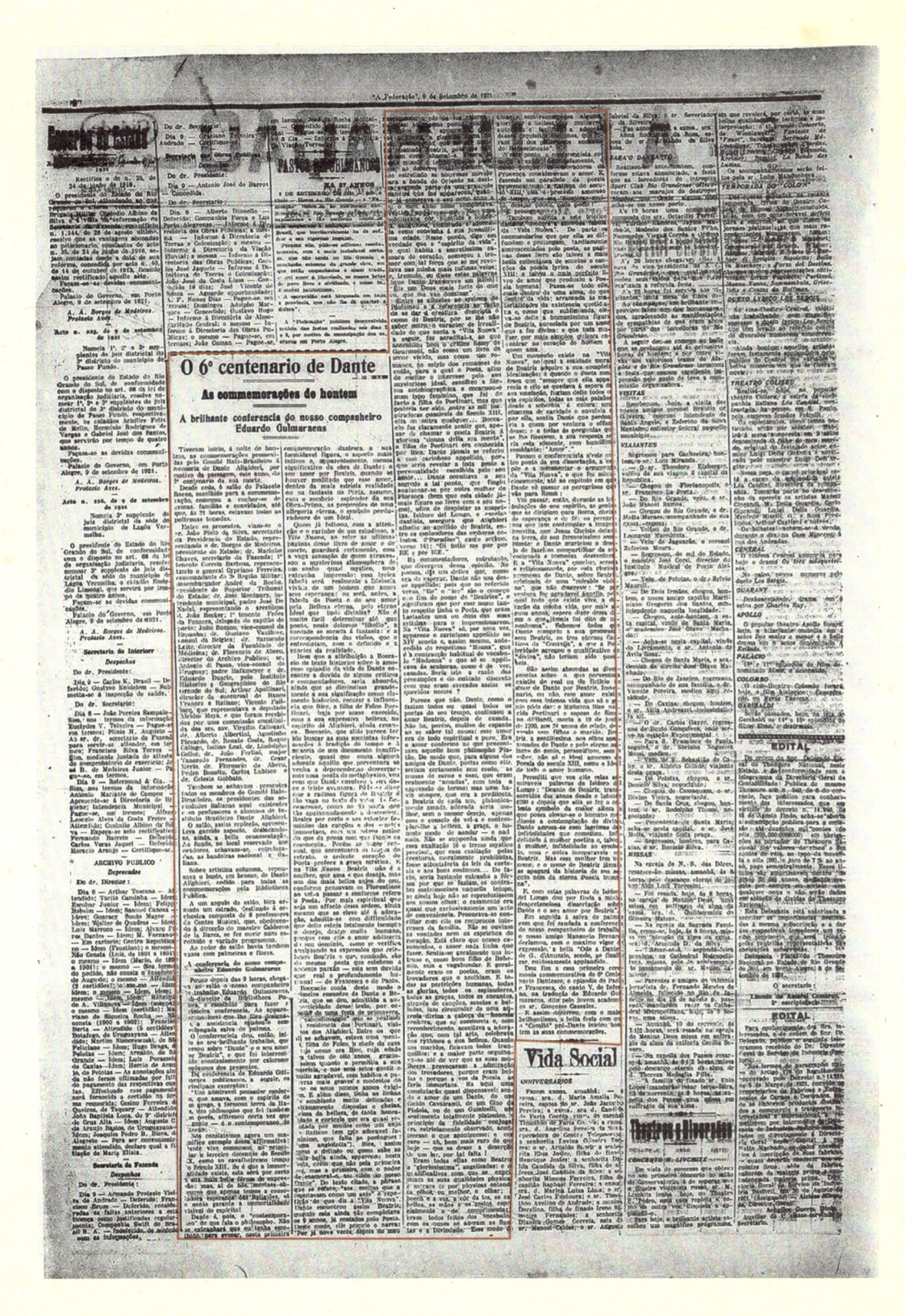

Reprodução da página do jornal *A Federação*, de 09 de setembro de 1921, com transcrição nas páginas seguintes

O 6º centenário de Dante*

As comemorações de ontem
A brilhante conferência do nosso companheiro Eduardo Guimaraens

x — x — x

Tiveram início, à noite de ontem, as comemorações promovidas pelo Comitê Ítalo-brasileiro à memória de Dante Alighieri, por motivo da passagem, este ano, do 6º centenário da sua morte.

Desde cedo, o salão do Palacete Rocco, escolhido para a comemoração, começou a encher-se de excelentíssimas famílias e convidados, até que, às 21 horas, estavam todas as poltronas tomadas.

Entre os presentes, viam-se o Sr. João Pinto da Silva, secretário da Presidência do Estado, representando o Sr. Borges de Medeiros, presidente do Estado; dr. Mariano Chaves, secretário da Fazenda; 1º tenente Correia Barbosa, representando o general Cypriano Ferreira, comandante da 3ª Região Militar; desembargador André da Rocha, presidente do Superior Tribunal do Estado; dr. José Montaury, intendente municipal, padre José de Nadal, representando o arcebispo d. João Becker; 1º tenente Froes da Fonseca, delegado do capitão do porto; Julio Bozano, vice-cônsul da Espanha; dr. Gustavo Vauthier, cônsul da Bélgica; dr. Sarmento Leite, diretor da Faculdade de Medicina; dr. Florêncio de Abreu, diretor do Arquivo Público; Sr. Antoni di Pasca, vice-cônsul do Uruguai; padre Hofkmeyer e dr. Eduardo Duarte, pelo Instituto Histórico e Geográfico do Rio Grande do Sul; Arthur Apollinari, diretor da sucursal do Banco Francês e Italiano; Vicente Failace, que representava o deputado Alcides Maya, e que foram recebidos por uma comissão constituída dos srs. cav. Virgílio Callegari, dr. Alberto Albertini, Agostinho Piccardo, dr. Renato Costa, Roque Callage, Isolino Leal, dr. Lindolfo Collor, dr. João Ferlini, major Tancredo Fernandes, dr. Cesar Merlo, dr. Florêncio de Abreu, Pedro Bonotto, Carlos Lubisco e dr. Celeste Gobato.

Também se achavam presentes todos os membros do Comitê Ítalo-Brasileiro, os

* Transcrição com ortografia atualizada

presidentes das sociedades italianas aqui existentes e os professores e alunos do Instituto Brasileiro Dante Alighieri.

O salão, assim repleto, apresentava garrido aspecto, destacando-se, ainda, a bela comemoração. Ao fundo, no local reservado aos oradores, achavam-se, entrelaçadas, as bandeiras nacional e italiana.

Sobre artística coluna, repousava o busto, em bronze, de Dante Alighieri, cedido para todas as comemorações pela Biblioteca Pública.

A um ângulo do salão, fora armado um estrado, destinado à orquestra composta de oito professores do Centro Musical, que, obedecendo à direção do maestro Calderon de La Barca, se fez ouvir num escolhido e variado programa.

Ao redor do salão havia também vasos com palmeiras e flores.

A conferência do nosso companheiro Eduardo Guimaraens

Pouco depois das 9 horas, chegava ao salão o nosso companheiro de trabalho Eduardo Guimaraens, subdiretor da Biblioteca Pública, e escolhido para fazer a primeira conferência. Ao aparecer no local que lhe fora designado, a assistência saudou-o com prolongada salva de palmas.

O conferencista deu, então, início ao seu brilhante trabalho, que versou sobre "Dante" e o seu amor por "Beatriz", e que foi interrompido constantemente por calorosos aplausos dos presentes.

Da conferência de Eduardo Guimaraens publicamos, a seguir, os principais excertos:

"Um admirável pensador moderno que amava, com o espírito de um grego, a formosa terra da Itália, um filósofo que foi também um poeta, afirmou certa vez que o gênio — é o contemporâneo do Eterno.

Nós constatamos agora um magnífico exemplo dessa afirmativa: Dante vive conosco, ao principiar o terceiro decênio do Século XX, como cavalheiresco tempo o Século XIII. Se é que a imortalidade existe, esta será por certo a sua mais bela forma de expressão: mas, ai de nós, mortais obscuros que apenas temos a consoladora esperança das Religiões, só o gênio garante a imortalidade visível do espírito!

Dante é, pois, o 'contemporâneo' de que fala o filósofo. Não se estranhará que eu tenha escolhido, para evocar, nesta primeira comemoração dantesca, a sua formidável figura, o aspecto mais íntimo e, aparentemente, menos significativo da obra de Dante: o seu amor por Beatriz, quando se houver meditado que esse amor, dentro da mais estrita realidade ou na fantasia do Poeta, assume, com o sombrio esplendor da sua Obra-Prima, as proporções de uma alegoria eterna, o símbolo perduradouro de um Ideal.

Quem já folheou, com a atenção e o carinho de um estudioso, a *Vita Nuova*, ao reler as últimas páginas desse livro de amor e de morte, guardará certamente, com a vaga sensação de quem atravessou a misteriosa atmosfera de um sonho quase místico, uma estranha impressão: essa lírica fábula será realmente a história vivida de um homem que amou sem esperança; ou será, antes, a fábula do Poeta e do seu amor pela Beleza eterna, pelo eterno Ideal que tudo diviniza? Não é muito fácil determinar até que ponto, neste doloroso 'libelo', a verdade se mescla à fantasia: e a correspondência das visões, que o entremeiam, com o definido e a exatez da realidade.

Bem que a atribuição a Boccacio do texto histórico sobre o amoroso episódio da vida de Dante encontre a dúvida de alguns críticos e comentadores, seria absurdo, ainda que se diminuísse grandemente a sua significação como elemento histórico, recusar a influência que Bice, a filha de Folco Portinari, haja por acaso exercido, com a sua expressiva beleza, no espírito de Alighieri, ainda criança. Boccacio, que aliás parece ter ido buscar as suas sucintas informações à tradição do tempo e à miséria de um documento insuficiente, quase que coisa alguma adianta aquilo que porventura se venha a depreender, ao descerrarmos uma ponta do metafísico véu com que Dante envolveu a sua doce e triste aventura. Pode-se dizer que a radiosa figura de Beatriz é tão vaga no texto do autor de *Decamerone*, como no do poeta que tão apaixonadamente a descreveu. Realça por certo o seu exterior feminino das canções e dos sonetos imortais, com um relevo maior do que da prosa com que Dante os comenta. Porém ao vigor sensual, que acentuaria os traços do retrato, o ardente coração do Poeta prefere a graça mística. E na *Vita Nuova* Beatriz não é a mulher que ama e que deseja, mas um dos mais belos anjos do céu, conforme pensavam os Florentinos ao vê-la passar e conforme refere o Poeta. Por mais espiritual que seja um afeto dessa ordem, ainda mesmo que se eleve até à adoração, admite-se com dificuldade que dele esteja totalmente isento o desejo, desejo muito humano, porque sem ele o amor abdicaria do seu domínio, como se verifica analisando as expressões que celebram Beatriz e que, contudo, são do mesmo poeta que celebrou a ardente paixão — esta sem dúvida que real e profundamente humana! — de Francesca e de Paolo.

Boccacio conta deste modo o primeiro encontro de Dante

e Beatriz, que se deu, admitida a autenticidade desse texto, por ocasião de uma festa de primavera, 'calendimaggio' que se realizou na residência dos Portinari, vizinhos de Alighieri. Entre os que ali se achavam, estavam uma menina, filha de Folco, o chefe da casa, cujo nome era Bice, cuja idade era talvez de oito anos, graciosíssima quanto o permitia a sua puerícia, e nos seus atos gentil e muito agradável, com hábitos e palavras mais graves e modestos do que os seus poucos anos exigiam. E além disso, tinha as linhas do semblante muito delicadas e otimamente dispostas e cheias, acima da beleza, de tanta honestidade e cortesia que era quase relatada por muitos como um anjo (o italiano tem este adorável feminino, que falta ao português: 'una agioletta'). 'Bice, assim como o delineio ou quem sabe se mais bela ainda, apareceu nesta festa, creio que não pela primeira vez, mas a primeira, com o poder de enamorá-lo, aos olhos do nosso Dante'. Do texto citado, a frase que se refere, 'aos muitos que a reputavam como um anjo' é repetição do que diz a *Vita Nuova*. Dante encontrou assim Beatriz, quando esta ainda não completara 9 anos, já contados pelo Poeta. Deste modo, ele próprio o narra: 'Por já nove vezes, depois do meu nascimento, o céu da luz retornara quase ao mesmo ponto, quando aos meus olhos, apareceu pela vez primeira, a gloriosa dama do meu pensamento, que foi por muitos chamada Beatriz, pois que não sabiam como chamá-la. Vivera já neste mundo o tempo preciso para que, ao decorrer de tal período, o céu estrelado se houvesse movido para a banda do Oriente na décima segunda parte de um grau: de maneira que me apareceu, quando já começava o seu nono ano e eu o meu ano nono completava. Vestida, apareceu-me, de uma nobilíssima cor, humilde e honesta, sanguínea, cinturada e adornada como convinha a sua juvenílima idade. Nesse ponto, digo em verdade que o 'espírito da vida', o qual habita a secretíssima câmara do coração, começou a tremer com tal força que se me revelava nas minhas mais íntimas veias; e, trêmulo, eu disse estas palavras (que Dante transcreve em latim): 'Eis um Deus mais forte do que eu que me vai dominar'.

Entre as alusões ao sistema de Ptolomeu e a referência ao fato de se dar à criatura descrita o nome de Beatriz, por não se lhe saber outro, o caráter de irrealidade do que conta a *Vita Nuova* a seguir, fez acreditá-la, ao que acentuou bem o crítico Remy de Gourmont, não como um livro de amor vivido, mas como um romance, no estilo dos romances de então, para o qual o Poeta, a fim de excitar o interesse pelo seu misterioso ideal, escolheu a forma autobiográfica e encarnou-o num tipo feminino, que foi de fato a filha de Portinari, mas que poderia ter sido, entre as mil inspiradoras possíveis do Século XIII, ela ou outra qualquer... Boccacio faz claramente sentir que, apesar de chamar o poeta Beatriz à gloriosa 'donna della sua mente', a filha de Portinari era conhecida por Bice. Dante jamais se referiu a esse carinhoso apelido, porque seria revelar a toda gente a personalidade escolhida pelo seu amor... Dante ocultava o seu segredo a tal ponto, que fingiu apaixonar-se por outra mulher de Florença (bem que esta cidade jamais figure no seu livro com o seu nome), a fim de despistar as suspeitas. Isidoro Del Lungo, o excelso dantista, assegura que Alighieri aludiu o apelido de Beatriz, entre os esplendores das esferas celestes ('Paradiso', canto sétimo, verso 14): 'Di tutto me pur per BE e per ICE'.

Há comentadores, entretanto, que divergem dessa opinião. No poema, diz um deles que, como era de esperar, Dante não usa desse apelido; pois que no referido verso 'Be' e 'Ice' são o começo e o fim do nome 'Beatrice', e significam que por esse nome tanto respeito tinha o Poeta, que eram bastantes uma ou duas das suas sílabas para o impressionarem. Na *Vita Nuova* só, por uma vez, aparece o carinhoso apelido no XIV soneto e, assim mesmo, antecedido do respeitoso 'Monna', que é a contração habitual do vocábulo 'Madonna' e que só se aplicava às senhoras, como é de ver, casadas. Seria isto a razão das precauções e do cuidado discreto com que eram cercados assim os queridos nomes?

Parece que não. Dante, como o faziam todos ou quase todos os poetas do seu tempo, continuou a amar Beatriz, depois de casada. Não há, porém, motivo de espanto ao se saber tal coisa: esse amor era de todo espiritual e puro. Era o amor conforme ao que preconizava aquele bom filósofo Platão. De modo que, para alguns dos amigos de Dante, poetas como ele, seriam certamente sem conto, as musas de carne e osso, que eram realmente 'amadas', com toda a expressão do termo: mas uma havia sempre, que era a predileta, a Beatriz de cada um, platonicamente amada, adorada seria melhor, sem o menor desejo, apenas com o consolo de vê-la e contemplar-lhe a beleza, a graça, o honesto modo de andar — e nada mais. Não se suponha ainda que essa exaltação (é o termo místico preciso), que essa exaltação pelas criaturas, moralmente proibidas, fosse atentatória às leis da cortesia e aos bons costumes... De fato, seria bastante estranha a forma por que se faziam os contratos matrimoniais naquele tempo, se ainda hoje não se reproduzissem aos nossos olhos: o casamento era quase que exclusivamente um ato de conveniência. Procurava-se conciliar com ele os recíprocos interesses da família. Não se ouviam as vontades nem os caprichos do coração. Está claro que nesses casamentos, o amor nada tinha que fazer. Sentia-se geralmente um intruso e, como bom filho, de Boemia, saía a vagabundear. E geralmente eram os poetas, eram os trovadores que o acolhiam. E todas as perfeições humanas, todas as glórias, todos os esplendores, todas as graças, todos os encantos, através de canções, sonetos e baladas, iam circundar de uma auréola divina a cabeça da honesta senhora, que se comovia e, com reconhecimento, aceitava a adoração que, com tal arte, celebrava aos ritmos a sua beleza. Quanto aos maridos, ficavam todos tranquilos: e a maior parte orgulhava-se até de ver que as suas mulheres provocavam a admiração dos trovadores, porque eram belas e porque a voz da Poesia as faria imortais. Há aqui uma constatação quase dispensável: sendo o amor de um Dante, de um Guido Cavalcanti, de um Cino da Pistoia, ou de um Guinizzelli, um sentimento totalmente platônico, o princípio da fidelidade conjugal era estritamente observado, acontecesse o que acontecesse: e era raro — ah, bem mais raro do que hoje - que se desse a deserção de um lar por tal falta!

Eram todas elas como Beatriz, 'a gloríssima', angelizadas: e os qualificativos com que se exprimiam as suas qualidades físicas e morais (e por físicas entendo os olhos, ou melhor, o olhar; a boca e a voz, a cor da tez, os cabelos, as mãos e os gestos, especialmente o de cumprimentar), eram todos feitos em vocábulos com os quais se adoram as Santas e a Divindade. Esse modo de amar e, sem recompensa alguma, glorificar a beleza das mulheres autorizou e facilitou a adoção desses esquisitos costumes, que foram uns dos pitorescos encantos do Renascimento."

Neste ponto o conferencista começa a expor, demoradamente, o modo porque os trovadores da Provença consideravam o amor. E fazendo um paralelo da poesia provençal com a italiana do século XIII, cita o preceito amoroso do tempo, que era 'Suspirar muito, desejar pouco, nada pedir!'.

E prossegue:

"Também sujeita a este tríplice ditame, decorre a amorosa fábula da *Vita Nuova*. De parte os comentários que por ela se difundem e prolongam, tardiamente acrescentados pelo poeta, as páginas desse livro são talvez a mais bela coletânea de sonetos e canções da poesia lírica do século XIII: e talvez o mais perfeito livro de amor que produziu a Poesia humana! Passa-se todo ele mais dentro de uma alma do que dentro da vida: arrancada às materialidades da existência cotidiana e como que sublimizada, eleva-se dele a humaníssima figura de Beatriz, aureolada por um amor que a fez divina: e que toda mulher, por mais simples, quisera encontrar no coração do homem a quem ama.

Um momento existe na *Vita Nuova*, no qual a entidade moral de Beatriz adquire a sua completa idealização: é quando o Poeta confessa que sempre que ela aparecia e ele se quedava à esperada sua saudação, fugiam dele todos os vis espíritos, todas as más paixões, desde a soberba à cólera; uma chama de caridade o envolvia e, por ela, sentia Dante que perdoaria a quem por ventura o ofendesse: e a todas as perguntas que se lhe fizessem, a sua resposta seria esta somente, com humílimo semblante: 'Amor'."

Passou então o conferencista neste outro ponto da sua dissertação, a expor e a comentar o argumento da *Vita Nuova*, o que fez minuciosamente até o capítulo em que Dante vê passar os peregrinos que vão para Roma:

"Viu passar, então, durante as tribulações de seu espírito, as gentes que se dirigiam a Roma, cheias de esperança e de fé: os peregrinos que iam contemplar a imagem bendita que Jesus deixou na Terra, do seu formosíssimo semblante e Dante acariciou o desejo de fazê-los compartilhar da sua resignada e imensa desventura. E a *Vita Nuova* conclui, serena e religiosamente, por esta gloriosa promessa de Dante, sobre Beatriz, originada de uma 'mirable visione', que não descreve: 'Se porventura for agradável àquele, pelo qual tudo que existe vive, a duração da minha vida, por mais alguns anos, espero dizer dessa dama o que jamais foi dito de nenhuma'. Sabemos todos que Dante cumpriu a sua promessa: sem Beatriz, os três eternos cânticos da *Comédia*, a que a Posteridade agregou o qualificativo de 'divina', não teriam sido possíveis.

São assim absurdas as divergências sobre o que porventura existiu de real ou de fictício no amor de Dante por Beatriz. Imaginário, ou não, esse amor existiu com essa intensa vida que só o gênio pode dar: e Madonna Bice nascida Portinari e esposa de Simone de Bardi, morta a 19 de junho de 1290, aos 24 anos de idade, deixando sem filhos o marido. Beatriz, a gentilíssima, aos olhos de Dante e pelo eterno milagre do gênio, personificou, sem o saber, não só o ideal amoroso da Poesia do século XIII, como o Ideal de todo o amor humano.

Permiti que vos cite estas admiráveis palavras de Isidoro del Lungo: 'Diante de Beatriz, transcorridos dez anos desde o lutuoso 1290 e depois que ela se fez o celeste símbolo da maior alteza a que se possa elevar-se o humano mediante a contemplação do divino, Dante acusa-se com lágrimas das infidelidades que cometeu. Infidelidade à mulher poética e, talvez, à mulher, infidelidade ao símbolo, uma e outra inseparáveis em Beatriz. Mas essa mulher tem um nome, e o nome de Beatriz jamais se apagará da história do seu século nem da eterna Poesia humana'.

E com estas palavras de Isidoro del Lungo dou por finda a minha despretenciosa dissertação sobre Dante e o seu amor por Beatriz."

Em seguida à salva de palmas com que foi saudada a conferência do nosso companheiro de trabalho, o nosso amigo Mansueto Bernardi declamou, com o máximo vigor de expressão, a bela *Ode a Dante* de G. D'Anunzio, sendo, ao finalizar, ruidosamente aplaudido.

Deu fim a essa primeira cerimônia comemorativa do 6º Centenário Dantesco, o episódio de Paolo e Francesca, do *Canto V*, do Inferno, na tradução de Eduardo Guimaraens, dito pelo jovem acadêmico Concesso Cassales.

E assim decorreu, com o maior brilhantismo, a bela festa com que o "Comitê" pró-Dante iniciou ontem as suas comemorações.

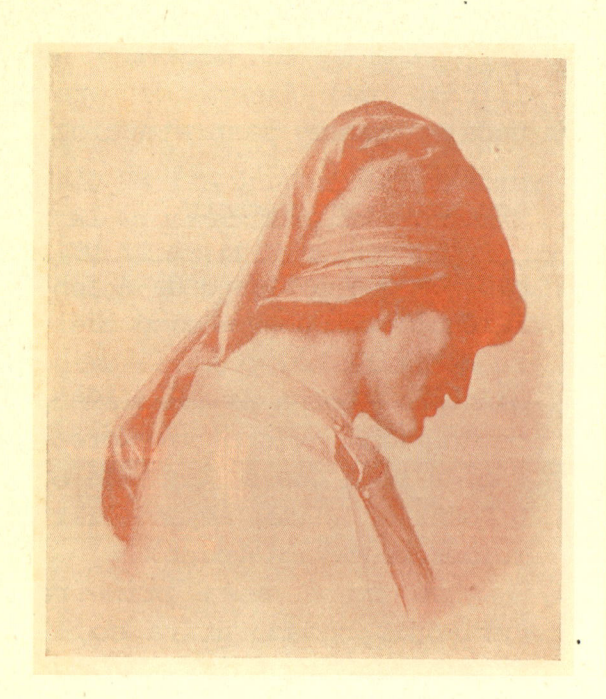

Estudos para o "Sogno di Danti" e "Salutatio Beatricis in Terra" de Dante Gabriele Rossetti, em *La Vita Nuova*, edição Ulrico Hoepli, 1911

Imagem consagrada do encontro de Dante e Beatriz. Acervo de Eduardo Guimaraens

As fontes

Da biblioteca de Eduardo, permaneceram em seu acervo um exemplar da *Lectvra Dantis* (1899, Florença) e os exemplares de *La Divina Commedia* (1902, Milão) e de *La Vita Nuova* (1911, Milão). São as fontes documentadas de Eduardo para o trabalho a que ele se propusera, nossas fontes primárias, disponíveis em *eduardoguimaraens.com.br*.

Ainda de caráter documental, a *Revista Máscara*, de vol.46 de 1920, o jornal *O Paíz*, de 28/01/1921, *A Federação* de 09/09/1921, são as fontes das críticas e do teor da conferência no 6º centenário de Dante, disponíveis no site da Hemeroteca da Biblioteca Nacional (*memoria.bn.br*).

Sobre Eduardo, são referências a obra de autores como Mansueto Bernardi e Itálico Marcon.

Sobre Dante e a *Divina Comédia*, a recente obra de Armindo Trevisan, *Por uma leitura atual da Divina Comédia, de Dante Alighieri* (editora AGE, 2021), bem como comentários e notas em três edições de *A Divina Comédia*, nas traduções de José Pedro Xavier Pinheiro (1955, Atena Editora), de Hernani Donato, com ilustrações de Gustave Doré (Editor Victor Civita, 1979) e na edição bilíngue, tradução de Ítalo Eugênio Mauro (Editora34, 1999), foram essenciais na organização deste livro.

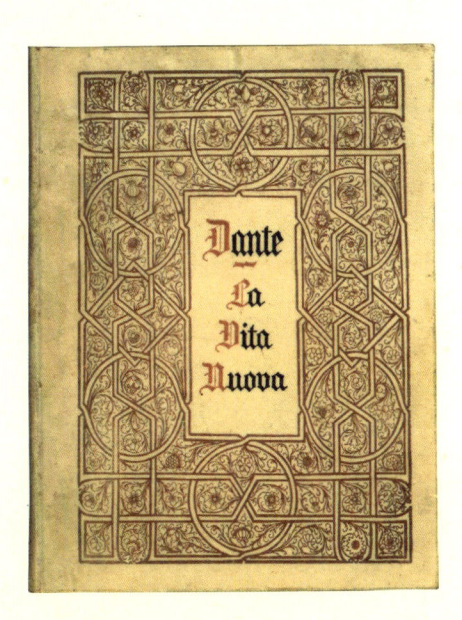

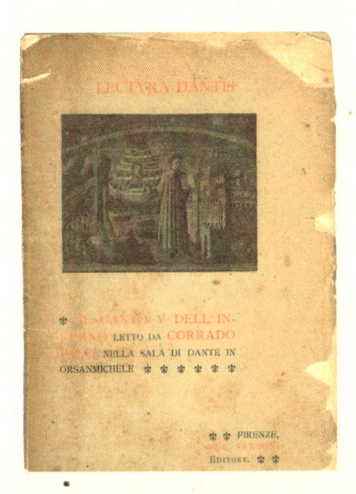

Lectvra Dantis, 1899

La Vita Nuova, 1911

La Divina Commedia, 1902

Dante Alighieri (1265/1321)

Foi o maior poeta medieval italiano. Em 1292, Dante concluiu a obra *La Vita Nuova*, uma coletânea de poemas amorosos dedicados à musa Beatriz, a qual, no último soneto, habita as glórias do paraíso. Ao final da obra, ele promete dizer de Beatriz "o que jamais disse de mulher alguma". Cumpriu a promessa na *Commedia*.

Dante teve importante atuação política. Militou ao lado dos guelfos moderados, os chamados "brancos", contrários às ambições do papado de dominar Florença. Ele integrou o "Conselho do Capitão", o "Conselho dos Cem" — instâncias administrativas da cidade - foi embaixador e prior (Florença era governada por seis priores). Em janeiro de 1302, os moderados foram derrotados e, em 10 de março, Dante foi exilado de Florença (seria queimado vivo se ali permanecesse). Foi durante o exílio que escreveu a *Commedia*.

Além de *La Vita Nuova* e da *Commedia*, Dante é autor das obras *Convívio* (sobre cultura e política, do qual completou três dos 15 livros projetados), *De Vulgari Eloquentia* (uma defesa da linguagem popular, planejada para quatro volumes e concluiu até o 14º capítulo do segundo livro), *Monarchia* (tese política), *Quaestio de Aqua et Terra* (sobre a então discutida questão de não poder a água superar, em altura, a terra imersa) e *Epístolas* (13 cartas em latim a diferentes destinatários, cujo interesse decorre do seu estilo e erudição).

Antes de Dante, os livros eram escritos em latim. Por ter escrito em italiano, é considerado o pai da língua italiana.

Eduardo Guimaraens (1892/1928)

Além de poeta e jornalista, Eduardo Guimaraens era tradutor e, como tal, sua produção foi vasta. Traduzia poesia e prosa do francês, italiano, inglês e espanhol. Muitos de seus trabalhos foram publicados em jornais como *A Federação* e o *Correio do Povo*, mas deixou traduções inéditas.

Eduardo traduziu e publicou, em 1920, o *Canto Quinto*, do Inferno, *Divina Comédia*. Em 1925, traduziu e publicou a antologia *Poemas Escolhidos e Adaptados*, de Rabindranath Tagore; em 1926, o *Romance de Laura*, de Francis James. Em 1927, concluiu a tradução de 83 dos 158 poemas das *Flores do Mal*, de Baudelaire, livro publicado em 2019 (Libretos Editora). Foi o primeiro a traduzir um conjunto tão significativo de poemas do poeta francês.

Sabemos que Eduardo traduziu *Festa de Galantes*, de Verlaine, o que foi testemunhado na obra *Eduardo Guimaraens e Alceu Wamosy* (Mansueto Bernardi, p.10), porém este material não retornou ao acervo da família.

Também inédita, integra o acervo de Eduardo, a coletânea *Rosas de França*, na qual

Sanguínea,
Correia Dias,
1916

Eduardo selecionou poemas e traduziu poetas franceses abrangendo cinco séculos, de 1524 a 1907.

Além de Baudelaire e Dante, Eduardo traduziu Keats, D'Annunzio, Ramon Gomez e Oscar Wilde.

Em 1929, após sua morte, foi lançada a segunda edição do *Canto Quinto*; em 1932, foi publicada a tradução do romance *Lorença Albani*, de Paulo Borget.

@ Família Guimaraens, 2021
Direitos desta edição pertencem à editora Libretos.

Esta obra segue Acordo Ortográfico da Língua Portuguesa (1990).
Em fac-símile, reproduz a grafia de 1917.

Edição e digitalização
Maria Etelvina Guimaraens

Edição de arte e finalização
Clô Barcellos

Revisão
Jéssica Kilpp

Tratamento de imagens
MX Studio

Dados Internacionais de Catalogação na Publicação
Daiane Schramm - CRB-10/1881

C232   Canto Quinto, Dante
        Organizado por Maria Etelvina Guimaraens
e tradução de Eduardo Guimaraens. — edição
ampliada — Porto Alegre: Libretos, 2021.
    64p.: il. 20,7cm x 27,4cm
    Fac-similis
    ISBN 978-65-86264-36-4
    1. Literatura. 2. Poemas. I. Guimaraens, Maria
Etelvina; org. II. Guimaraens, Eduardo; trad.
III. Fac-similis.
                                    CDD 869

Eduardo por suas netas e netos

x — x — x

A retomada da publicação da obra de Eduardo Guimaraens teve início em 2002, com o livro *Dispersos*, iniciativa da editora Libretos e organização de Maria Luiza Berwanger da Silva. O livro agrupa poemas inéditos que se encontravam, como diz o nome, dispersos.

Desde então, vimos reunindo e organizando seu legado. Surgiu, assim, o projeto *Eduardo Guimaraens por suas netas e netos*. A partir de 2018, a neta Maria Etelvina assumiu a responsabilidade pelo acervo de Eduardo e o encargo de organizar e preservar documentos, além de divulgar e publicar a sua obra.

Já em 2018, manuscritos, livros e objetos de Eduardo integraram a exposição *Fernando Pessoa — a minha arte é ser eu* (Santander Cultural, 2018, Porto Alegre). Seus poemas publicados na revista *Orpheu*, criada e dirigida pelo poeta português, foram reproduzidos. Ronald de Carvalho e Eduardo Guimaraens foram os únicos brasileiros publicados na revista.

Seu legado gerou três publicações inéditas em parceria com a Libretos Editora, de Clô Barcellos e Rafael Guimaraens, neto do poeta:

- *Poemas*, de 2018, livro de poesias de Eduardo em francês, de 1923. O livro reconstitui a proposta original desenhada pelo poeta e reproduz seus manuscritos. Acompanham as traduções de Alcy Cheuiche e de Lyvia Petry;

- *As Flores do Mal, de Baudelaire. Seleção de Poemas*, de 2019. Eduardo traduziu, de 1917 a 1927, 83 das 156 poesias do Poeta francês, da edição de 1861. A publicação também recupera a proposta gráfica original do volume que integra o acervo;

- *Ouvindo as 'Scenas Infantis' de Schumman*, de 2020, reproduz a plaquete que Eduardo compôs em 1917, em exemplar único dedicado à sua musa, Etelvina.

Também fruto do projeto, o site *eduardoguimaraens.com.br* foi lançado em 2019, criação da neta Sílvia Guimaraens, divulgando sua vida e obra.

E, em 2021, a família traz esta homenagem de Eduardo ao Poeta maior, Dante Alighieri.

Composto em Courier, impresso sobre papel off white
90 gramas, na gráfica Pallotti de Santa Maria/RS,
em agosto de 2021.

Libretos
www.libretos.com.br
libretos@libretos.com.br
Facebook e Instagram: @libretoseditora
Whats: (51)993554456
Youtube: Libretos100
Rua Peri Machado, 222 bloco B 707
Porto Alegre — RS/Brasil
CEP 90130-130